Réalisation visuelle
avec la collaboration de :

Ulrich Borg
Pascale de Bourgoing
Jeanne Dang
Mathieu Félix
Christian Gallimard
Liliane Nicolet

Réalisation traditionnelle :
gouache, aquarelle

Infographie :
XPress, Word, Photoshop,
3D Studio, Painter

Imprimé en Italie
ISBN 978-2-88480-258-1

SPÉCIAL VERT

Safari blanc

Sauvez les animaux avec Paul Nature

Cette histoire se passe au Groenland,
sur la côte sud-ouest.

SPÉCIAL VERT

Safari blanc

écrit par Alain Surget

CALLIGRAM
CHRISTIAN GALLIMARD

I
« Laissez-nous nos ours ! »

L'avion se pose sur la piste de l'aéroport de Nuuk, la capitale du Groenland. Une majorité d'hommes en descend, qui se rend aussitôt dans la salle de réception des marchandises. Ils patientent un moment devant le tapis diplodocus, puis les premiers bagages apparaissent. De longs étuis accompagnent les sacs et les valises. Les mains se tendent, les attrapent, les hissent en bandoulière... Dans le hall de l'aéroport, un guide attend le groupe avec un panneau mentionnant le nom de leur hôtel « Au phoque gris ». Mais alors qu'ils s'apprêtent à sortir, des Inuits investissent le terminal et bloquent les issues. Certains sont vêtus de façon traditionnelle avec des anoraks et des pantalons de fourrure, d'autres portent des parkas et des jeans. Tous brandissent des pancartes sur lesquelles sont inscrits à la peinture rouge, en danois et en anglais : « Déposez vos armes avant d'entrer ! », « Qui veut la peau de l'ours blanc ? » ou encore, de manière plus explicite « Qui veut notre peau ? ». Surpris et quelque peu effrayés par l'hostilité de l'accueil, les nouveaux arrivants, chasseurs présumés, forment un attroupement compact, face à l'adversaire. Deux ou trois essaient de forcer le barrage, mais ils sont repoussés. D'autres exigent qu'on les laisse sortir du bâtiment. En guise de réponse, les Inuits lèvent le poing et scandent :

– Laissez-nous nos ours ! Ils sont notre vie !

– Les ours sont notre seule source de revenus ! clame un indigène.

Les employés sont figés derrière leurs guichets. Des agents accourent et s'interposent entre les manifestants et les chasseurs. Des mots s'échangent, le ton monte. Le responsable de la sécurité s'en prend à l'Inuit qui semble être le meneur. Aussitôt celui-ci réagit en le bousculant. Sous le choc, l'homme tombe à la renverse. Alors trois agents sortent leurs matraques et se précipitent sur l'agresseur pour s'emparer de lui. Abandonnant leurs calicots, ses compagnons lui viennent en aide. Un garçon d'une dizaine d'années agrippe un policier.

– Lâchez mon frère ! hurle-t-il. Sauve-toi, Palouk, sauve-toi !

Une main le saisit par son col, le tire en arrière et le projette au sol. L'enfant roule dans les jambes pendant qu'on se bat au-dessus de lui et que les coups de matraque pleuvent sur les épaules et sur les dos. Le hall résonne de cri, de coups de sifflet, de courses... Prudents, les chasseurs se sont éclipsés dès le début de l'échauffourée, pressés de gagner leur hôtel.

Palouk est brutalement relevé et séparé de ses compagnons. Mais alors qu'un agent veut lui ramener les mains dans le dos pour lui passer les menottes, l'Inuit se dégage par un violent coup de coude dans le ventre. L'autre hoquette, le souffle coupé. Palouk se rue à travers le hall, une charge de policiers à ses trousses. Il évite un employé dressé devant lui, enjambe un tourniquet et remonte l'allée qui permet d'accéder au couloir d'embarquement.

– Il est coincé ! lance un agent comme le fuyard pénètre dans la salle de réception des bagages.

Dans le hall, le jeune Ayako exhorte ses compagnons à se porter au secours de son frère, mais une barrière de policiers les contient fermement et les repousse pas à pas vers la sortie.

Palouk marque un instant d'hésitation lorsqu'il se rend compte qu'il est bloqué. Ses poursuivants arrivent. Trop tard pour faire demi-tour ! Alors il court vers le tapis diplodocus qui tourne encore à vide, bondit sur lui, manque perdre l'équilibre et, se pliant en deux, il se propulse dans l'ouverture destinée aux valises. Les bandes de caoutchouc retombent derrière lui.

Les policiers tentent de le suivre. L'un dégringole du tapis, le deuxième franchit le passage sur le dos, un troisième se campe à quatre pattes sur les plaques en forme d'écailles, mais il s'érafle le visage aux lamelles de caoutchouc qui se sont refermées devant lui. Lorsqu'ils se relèvent de l'autre côté du sas...

– C'est fichu, nous ne l'aurons plus, se désole l'un d'eux en apercevant l'Inuit qui s'enfuit sur la piste.

– Le gosse l'a appelé Palouk, dit son collègue. Allons interroger l'enfant ! Il nous apprendra où vit son frère.

Ils retournent en longeant le parking, mais lorsqu'ils parviennent devant les portes de l'aéroport, c'est pour constater que les manifestants se sont déjà dispersés.

– Ce n'est que partie remise, grogne un agent. Nous les reverrons puisque d'autres chasseurs sont attendus. À ce moment-là... !

D'un geste, il fait mine d'empoigner quelqu'un.

2
Nanoq-Toupilak

La nuit est tombée. Une nuit de fin de printemps. Une nuit rose, avec un soleil orangé qui frôle timidement la banquise. À l'est, l'horizon est vert émeraude.

Le cœur d'Ayako bat très fort. Non pas de peur, mais d'excitation ! Son frère et lui se sont glissés dans la ville, se faufilant dans les rues jusqu'à l'hôtel « Au phoque gris ».

– Ils sont tous là, grince Palouk. Ils dorment en rêvant à leurs futurs trophées. Combien d'ours vont-ils abattre ? Cinq ? Six ? L'équivalent d'une année de chasse pour nous. Il faut nous débarrasser au plus vite de ces étrangers !

– Tu ne vas quand même pas mettre le feu à l'hôtel ?

– Rassure-toi, dit le grand frère. Je sais comment les obliger à repartir... Tu sais ce que tu as à faire ?

L'enfant fait oui de la tête et ramène son bonnet sur les yeux de façon à cacher une partie de son visage. Il pousse la porte vitrée et entre dans le hall, un grand seau à la main. L'employé de nuit, un gros homme endormi, se redresse péniblement sur son siège et jette un œil par-dessus le comptoir de la réception. Sa mine se rembrunit lorsqu'il avise l'Inuit. Il se lève, prend une voix grondante pour demander :

– Qu'est-ce que tu veux ? Qu'est-ce que tu transportes là ? Quelle odeur ! C'est une infection !

Ayako avance, un grand sourire aux lèvres.

– C'est le cadeau de Nanoq* aux chasseurs étrangers, répond-il.

* Signifie « ours » en inuit. Nanoq Toupilak : ours esprit

L'homme fronce les sourcils.

– Qu'est-ce que tu racontes ? Allez, fiche le camp !

Alors, empoignant le seau à deux mains et le ramenant en arrière pour donner plus de force à son geste, Ayako répand son contenu dans le hall. Du crottin de renne, des fientes d'oiseaux et des poissons pourris éclaboussent les dalles et sautent jusqu'au comptoir d'accueil.

– Vous leur offrirez ça au petit-déjeuner ! lance le jeune Inuit comme l'autre reste figé de stupeur.

– Espèce de... !

La stupéfaction se mue en colère. L'homme s'extrait de derrière son guichet, le poing levé. Bégayant de fureur, il se dirige vers l'enfant en évitant les immondices. Ayako pivote sur les talons et se sauve à toutes jambes. Il franchit le portail, mais l'employé court derrière lui dans la rue. Gêné par son embonpoint, l'esprit encore mal éveillé, ce dernier se laisse rapidement distancer. Il s'arrête, essoufflé, et lance une dernière menace avant de retourner dans l'hôtel.

Dans une chambre du « Phoque gris », un dormeur bouge, tourmenté par un cauchemar. Il émet des bruits de bouche, comme s'il mâchonnait son vilain rêve, ouvre un œil... et pousse un hoquet d'effroi. Devant lui, dans la pièce plongée dans une obscurité verdâtre, un ours à tête de mort danse devant lui ! Une bête surgie de l'Enfer à en juger par les reflets de flamme sur les os et les crocs redoutables ! Terrifié, le chasseur ferme les yeux, tâchant de repousser au fond de lui son cauchemar qui refait surface. Il se concentre, ouvre à nouveau les yeux. La bête est toujours là, tel un spectre vert, et son crâne rougeoyant, démoniaque, est penché à présent sur le chasseur. Paniqué, l'homme happe l'air comme s'il se noyait. Il essaie de crier mais la peur bloque les mots au fond de la gorge. La terreur lui broie le ventre,

son cœur s'affole, le sang bat dans ses tempes. Il se dresse sur un coude et tend une main tremblante vers l'interrupteur placé à la tête du lit. Un violent coup de patte le rejette sur le dos. Le chasseur veut hurler, appeler à l'aide, mais l'énorme patte de l'ours s'écrase sur sa bouche. Terrorisé, l'homme est persuadé que la bête va l'étouffer. Il se débat, roulant des yeux exorbités.

À ce moment la porte s'ouvre en grand. La lumière éclate dans la chambre. Le portier se rue sur l'ours en appelant à l'aide. Il agrippe la pelisse, la tire de toutes ses forces et réussit à déséquilibrer la bête qui tombe sur le côté. D'un geste vif, le portier arrache le crâne à deux mains, le brandit et s'en sert pour assener un coup formidable sur la tête de l'Inuit qu'il vient de dévoiler. Empêtré dans sa fourrure d'ours, Palouk ne peut éviter un second coup. Il roule alors sur le sol et le chasseur lui saute sur le dos.

– C'était donc ça ! grince-t-il. Un

sorcier affublé d'une peau d'ours ! Tu voulais m'effrayer pour que j'abandonne la chasse... me dissuader de partir sur la banquise !

– Une chance que je me sois douté de quelque chose, se félicite le portier en ceinturant Palouk. J'ai fait une ronde dans les couloirs et j'ai vu cette porte entrouverte.

Des courses ! Attirés par le bruit, des pas se rapprochent. Les autres chasseurs se pressent à la porte. Terrassé, plaqué sur la moquette, l'Inuit cesse de résister. Il a perdu. Les étrangers n'ont pas hésité à combattre Nanoq-Toupilak, l'esprit de l'ours. Palouk comprend, à ce moment, que les grandes forces ancestrales auxquelles il se rattachait se sont définitivement effondrées devant le monde de l'homme blanc. Il en éprouve une amertume qui lui soulève le cœur. Rien n'arrêtera désormais le massacre des ours sur la banquise.

3
Comme au Canada !

Depuis deux jours, des hommes et des femmes déguisés en ours polaires viennent s'allonger, dès l'aube, sur le trottoir et dans la rue, face au bâtiment qui abrite le gouvernement. Des banderoles plantées sur des piquets se gonflent au gré du vent, sur lesquelles on peut lire : « Laissez-nous nos ours ! », « C'est ça, l'avenir du Groenland ? », « Vous nous avez tués ! ». Ayako passe entre les rangs en tenant bien haut sa pancarte. Des agents de police surveillent le rassemblement pour l'empêcher d'aller s'installer sur les marches du ministère. Les voitures circulent au ralenti, tandis que les badauds marquent un temps d'arrêt pour regarder ce spectacle insolite. Un homme, pourtant, n'hésite pas à traverser la rue et à se rendre parmi les manifestants.

– Je viens tenter de vous aider, annonce l'étranger en anglais en s'adressant à un homme-ours. Mon nom est Paul Nature. Je suis envoyé par l'association « *Faune en Détresse* ».

– On s'intéresse donc à nous, quelque part ? s'étonne dans sa langue une femme au masque d'ours.

Elle se redresse sur un coude.

– Vous avez l'intention d'aller parler aux autorités ? Le ministre a reçu nos délégations, mais il a refusé de revenir sur sa décision. Vous avez de meilleurs arguments que nous ?

– Mon association a déjà pris contact avec le ministère. Nous avons longuement évoqué le problème avec lui. Je ne compte plus le nombre de coups de téléphone ni de courriers électroniques que nous avons échangés, ni les dizaines de milliers de pétitions envoyées.

– Apparemment, cela n'a pas eu beaucoup d'effet, se désole la femme qui s'est assise. Vous avez quelque chose de nouveau dans votre sac ?

– L'impact de cette affaire sur les médias, déclare Paul. Des coupures de journaux, des cassettes montrant la réaction des gens... Le public se passionne pour les ours.

– Les chasseurs aussi ! dit la femme, amère. Savez-vous que chaque ours tué rapporte 20 000 euros au gouvernement ? C'est une manne pour les autorités.

– Oui, répond Paul en s'accroupissant à côté d'elle, mais ce n'est pas une raison pour perdre espoir. Un débat télévisé est prévu en France la semaine prochaine, au cours de l'émission « *Nature et Vérité* ». Les tenants de la chasse à l'ours polaire n'y tiendront pas le bon rôle, je vous le promets.

– Pensez-vous vraiment que le ministre va vous recevoir ?

– Mon association a pris rendez-vous pour moi.

– Je vous accompagnerais volontiers, mais on ne me laissera plus entrer. Je vous souhaite bonne chance, mais je reste sceptique quant au résultat.

Paul se relève, croise le regard d'Ayako qui s'est planté devant lui. Il adresse un sourire à l'enfant, mais celui-ci reste impassible. Il se contente de suivre l'étranger des yeux, hausse imperceptiblement les épaules puis se remet à promener sa pancarte à la vue des passants.

Précédé par un secrétaire, Paul Nature est introduit dans le bureau de Leif Eriksen, le ministre chargé de l'administration du Groenland. Grand, carré d'épaules, cheveux et barbe blonds, Leif Eriksen a tout du Viking. Sa poignée de main est propre à écraser les doigts.

– Alors, monsieur Nature, vous venez plaider la cause des ours, commence-t-il en se réinstallant dans son fauteuil. Je crains que vous n'ayez fait le voyage pour rien : Copenhague* abonde dans mon sens. L'exploitation commerciale de la chasse à l'ours a débuté depuis plusieurs jours. Des chasseurs ont déjà fait route vers la banquise.

– Votre politique de safaris soulève bien des réprobations, tant au Groenland qu'à l'étranger, réplique Paul en s'asseyant. Et pas seulement au sein d'associations de défense des animaux !

– Je suppose que vous faites allusion aux Inuits qui campent devant le ministère. Ce sont eux-mêmes des chasseurs d'ours.

– Justement, ils n'ont aucune autre

* Le Groenland appartient au Danemark.

source de revenus. Quand vos Buffalo Bill modernes auront réduit la population d'ours, que restera-t-il aux autochtones ?

– Un moyen plus sûr d'assurer leur existence, certifie Eriksen sur un ton convaincu. Et bien moins dangereux pour eux ! Chaque année, un chasseur inuit tue six ours en moyenne, dont il revend les fourrures bon marché. L'arrivée de chasseurs étrangers va modifier sa manière de vivre : de chasseur, il va devenir guide, et il gagnera des sommes confortables au cours de ses expéditions. Cela se passe déjà ainsi au Canada.

– Votre projet suscite un vif intérêt auprès des chasseurs de grand gibier qui rêvent d'accrocher des trophées d'ours blancs aux côtés des têtes de lion, de sanglier et des bois de cerf, poursuit Paul. Ils vont arriver par avions entiers. J'ai peur qu'ils ne finissent par être plus nombreux que les ours. Si chacun tue le sien, l'ours polaire n'aura pas eu un séjour très long sur la Terre. Mais quelle manne providentielle pour les caisses de l'État !

– Vous exagérez ! se défend le ministre en prenant un air outré. Nous veillerons à ce que la population d'ours reste stable. Les biologistes estiment leur nombre à vingt mille, dont quatre mille sur le littoral ouest.

– Vous oubliez de mentionner le fait que ce nombre est à partager avec le Canada, souligne Paul. Les animaux franchissent la banquise et vivent sur les deux pays. D'autre part, comment empêcherez-vous le massacre des femelles et des oursons ?

Eriksen pousse un long soupir. Il grommelle entre ses dents :

– Nous comptons sur la responsabilité des chasseurs.

– Monsieur le ministre, j'ai été mandaté par nombre d'organisations de protection de la nature pour obtenir l'arrêt des safaris blancs. Et cela tant que n'auront pas été établis des quotas de chasse en tenant compte de la composition et de l'importance de la population d'ours blancs, ainsi que des menaces qui pèsent sur leur environnement, tels les changements climatiques.

Leif Eriksen laisse filer l'air de sa poitrine.

– Rien que ça ! souffle-t-il... Vous savez que des chasseurs de différents pays œuvrent déjà sur la glace. Les rappeler équivaudrait à une rupture de contrat.

– Leur permettre de continuer entacherait gravement votre image dans l'opinion internationale. J'ai avec moi des documents qui mettent en évidence l'opposition des médias à votre politique de chasse, ponctue Paul en déposant sur le bureau ses coupures de presse et ses cassettes. D'autre part, je participe la semaine prochaine à un débat en direct à la télévision. Débat qui porte essentiellement sur la situation des ours polaires. Divers pays ont déjà acheté les droits

pour retransmettre l'émission sur leurs propres antennes. Votre gouvernement va se retrouver en ligne de mire.

Eriksen esquisse un sourire las.

– Vous savez comme moi que l'opinion publique ne s'enflamme sur un sujet que jusqu'au prochain match de football. Je suppose néanmoins que vous avez quelques propositions à me soumettre.

– Oui, dit Paul. Les associations que je représente sont bien conscientes qu'il est impossible d'interdire la chasse, aussi demandent-elles à ce que les quotas ne dépassent pas le nombre des animaux actuellement abattus par les Inuits, à savoir un dixième du troupeau total. D'autre part, nous suggérons qu'une grande partie des revenus que rapportera cette chasse aux trophées soit redistribuée aux habitants les plus démunis. Alors seulement votre projet aura quelque utilité.

Leif Eriksen demeure un instant

immobile, l'œil fixe, la mâchoire crispée, puis il décroise les doigts et se met à hocher la tête.

– Je peux réouvrir le dossier, faire part de vos remarques au gouvernement... mais rien de plus, achève-t-il en repoussant les cassettes vers Paul.

– N'espérez pas me voir repartir la tête basse ! s'indigne Paul. Je vais me rendre sur la banquise et filmer le massacre des ours. Croyez-moi, ce reportage-là touchera la sensibilité des téléspectateurs plus sûrement qu'un simple coup de pied dans un ballon.

– Sur la banquise ? s'esclaffe Leif Eriksen. Vous ne trouverez aucun guide pour vous mener jusque là-bas. Les chasseurs les ont tous réquisitionnés. Les Inuits ont très vite compris où résidait leur intérêt.

Paul se lève, furieux.

– Je me débrouillerai. Je vous laisse les cassettes et les coupures de presse ? Ce sont des copies. N'omettez pas de les joindre à votre dossier afin qu'il soit tout à fait complet !

Paul n'a pas besoin d'annoncer son échec aux Inuits tant la déception et la colère se lisent sur son visage.

– L'un de vous peut-il me servir de guide ? demande-t-il. J'ai l'intention d'aller filmer ce qui se passe sur la glace.

Mais les hommes-ours secouent la tête. Ils vivent tous à l'occidentale à Nuuk, et aucun n'a jamais conduit d'attelage sur la banquise.

– Mon frère connaît tous les pièges de la banquise, intervient Ayako, il sort de prison ce soir. Oh, ce n'est pas un voleur, reprend-il, il a simplement voulu faire fuir les chasseurs blancs en incarnant Nanoq-Toupilak, l'esprit de l'ours.

– Va pour ton frère ! accepte Paul. J'aurai effectivement besoin de Nanoq-Toupilak à mes côtés.

4
La piste des ours

Tiré par huit chiens, le traîneau file sur la neige. Le fouet claque aux oreilles des bêtes, appuyé par des « Hâk ! Hâk ! Agssioût* ! » que lance Palouk pour stimuler leur ardeur. Paul et Ayako sont assis dans le traîneau, protégés par d'épaisses couvertures molletonnées. Paul ne pipe mot, fâché que Palouk ait emmené son jeune frère avec eux.

– Ne faites pas cette tête ! se moque Palouk en anglais. Si j'ai tenu à ce qu'Ayako nous accompagne, c'est parce

* Signifie « en avant, plus vite ! »

qu'il est temps qu'il se frotte à la neige et à la glace. C'est comme cela qu'il deviendra un guide à son tour !

– Ce n'est pas une simple promenade, rappelle Paul. Le terrain est accidenté, et les chasseurs peuvent se montrer très récalcitrants.

– S'ils nous tirent dessus, notre peau ne leur rapportera pas grand chose, rit Palouk... Le Franski a peur que tu nous déranges, reprend-il en inuit à l'intention de son frère.

– J'avais compris, mais il se trompe, répond le garçon dans sa langue maternelle. Cède-moi ta place, je vais lui montrer, à ce Qraslounaq*, que je sais conduire un attelage !

– Au retour ! promet Palouk. Quand nous aurons rempli notre mission.

Soudain un fracas épouvantable ! Les deux hommes et l'enfant tournent la

* Signifie « Danois » dans un esprit péjoratif.

tête. Un pan de glacier bascule là-bas. On dirait une montagne de glace qui s'incline sur l'eau. Un nouveau craquement arrache complètement la masse. Elle tombe à la mer en soulevant un énorme geyser ; les vagues viennent frapper la banquise puis la submergent. Soudain l'iceberg refait surface et ruisselle d'une eau lourde. Il oscille un moment, cherchant son assise, puis se pose lentement sur les flots.

Palouk a relancé son attelage et l'a engagé sur la banquise. Un crépitement continu se fait entendre tout à coup, étouffé, sous-marin, comme si la glace pétait par en dessous.

– Harô ! Harô ! hurle l'Inuit pour diriger les chiens à gauche, côté terre.

Une large fissure court sur le sol qui éclate. Des plaques se hérissent, des lézardes strient la glace, la faisant ressembler à une vitre fêlée. Le traîneau fonce parallèlement à la crevasse qui se creuse et élargit ses bords... Enfin le sol cesse de crisser. La banquise ne se fendille plus.

– Nous sommes obligés d'emprunter un autre passage, déclare Paul. La glace est trop instable ici pour supporter notre poids.

– Rassurez-vous, dit Palouk, je sais exactement où se concentrent les ours. En cette saison, des bancs de harengs s'agglutinent le long des côtes, attirant les phoques, et à leur suite les grands prédateurs. C'est près du Roc des Morses. C'est là que nous intercepterons les chasseurs.

– S'il n'est pas trop tard...

– Les guides sont payés à la journée, poursuit l'Inuit. Je les connais, ils vont faire durer l'expédition. Les étrangers ne remarqueront pas qu'ils tournent en rond sur la banquise. Je suis persuadé que nous arriverons en même temps qu'eux.

– Puissiez-vous dire vrai !

– Mon frère ne se trompe jamais,

affirme Ayako. Les dieux lui murmurent leurs secrets à l'oreille. Et je crois bien que je les entends, moi aussi.

– C'est le vent, suppose Paul en souriant. Les dieux te souffleraient plutôt de retourner à l'école.

L'enfant hausse les épaules. Qu'est-ce qu'il sait, le Franski, de la volonté des dieux ?

Tout le jour, filant sur la banquise, Palouk mène son attelage d'une main de maître. Des phoques sont alanguis ici et là, relevant à peine la tête au passage du traîneau. Le jeune homme évite les agloos*, contourne les craquelures ou, au contraire, décide de les sauter si les entailles obligent à un trop long détour. Parfois, dans les passages difficiles, Paul et Ayako courent à côté du traîneau pour l'alléger.

À la nuit tombée, ou plutôt quand le soleil rase l'horizon sans s'enfoncer derrière lui, ils dressent la tente, dînent de

*Trous pratiqués dans la glace par les phoques pour venir respirer.

phoque bouilli, puis se pelotonnent dans des sacs de couchage... Le soleil se hisse à peine dans le ciel, marquant le lever du jour, que les voilà à nouveau en route vers le sud !

La mer roule encore des flots dorés lorsqu'ils rencontrent leur premier chasseur. Fièrement campé devant le cadavre d'un ours qu'il vient d'abattre, l'homme observe son guide qui fend en deux la fourrure de l'animal avec son coutelas, afin de le dépouiller de sa peau avant qu'elle ne soit raidie par le gel. Palouk arrête son attelage à sa hauteur.

– Pour cette bête-là, nous arrivons trop tard, marmonne-t-il en contenant sa colère.

Paul saute du traîneau et filme l'éventration de l'ours.

– Fichez le camp ! s'emporte le chasseur, mal à l'aise. J'ai droit à la peau de cet animal. J'ai payé assez cher pour avoir le droit de l'abattre. Vous n'avez rien à faire ici.

Sans répondre, Paul remonte dans le traîneau et fait signe à Palouk de se remettre en route.

– Il faut aller jusqu'au bout de la banquise, prévient l'Inuit. Les ours pêchent à fleur d'eau. C'est là que nous risquons de trouver d'autres chasseurs.

– J'espère qu'ils ne vont pas jouer d'imprudence pour rapporter à tout prix leur trophée, soupire Paul.

– Tant mieux s'ils tombent à la mer et se noient, grommelle Ayako. Les chasseurs ne sont pas une espèce en voie de disparition.

– Ne dis pas cela, le sermonne Paul. Ils ne...

Sa phrase se perd dans les cris de Palouk et les coups de fouet.

Des silhouettes se découpent à l'extrémité de la banquise. Paul tend le bras, indiquant à Palouk de mettre le cap sur elles. Les chasseurs se retournent pour les voir arriver.

– Ils ont l'air bien pressés, ceux-là.

Mais il n'est pas question qu'ils viennent tirer les ours que notre guide a repérés.

Palouk stoppe son attelage près des traîneaux. Une pelisse ensanglantée a déjà été roulée en boule. Paul filme la longue traînée de sang sur la neige, et la suit jusqu'à la carcasse dépecée d'une bête.

– Ici on chasse, on ne filme pas ! grogne un chasseur qui vient derrière lui. Vous coucherez vos propres exploits sur la pellicule, si ça vous chante, mais rien de ce qui se fait ici ne vous regarde. Allez chercher vos ours plus loin ! Ceux qui se promènent là-bas sont à nous.

– Souriez, c'est pour la télévision, déclare Paul.

L'homme étouffe un juron. Il veut arracher la caméra mais Paul se dérobe et saisit l'expression furibonde du bonhomme dans son objectif.

– Hé ! remarque alors un chasseur qui n'a cessé d'observer Palouk. Je crois bien que c'est le sorcier qui a tenté de m'assassiner à l'hôtel !

Les fusils se relèvent, les regards convergent sur l'Inuit.

– Je le reconnais, appuie un deuxième. C'est lui qui a bousculé un agent, à l'aéroport.

– Et ce gosse était avec lui ! souligne un troisième.

Les chasseurs se referment autour du traîneau. Palouk veut se dégager, il lève son fouet... Mais alors qu'il s'apprête à le faire claquer, un homme fonce sur lui, le ceinture, et ils roulent au sol. Paul tente d'intervenir. Des mains l'agrippent, le renversent et le traînent sur la glace, cherchant à s'emparer de sa caméra. Les chiens s'affolent, aboient, échangent des coups de dents. Ayako lance un formidable « Hâk ! Hâk ! ». L'attelage bondit, les hommes s'écartent, l'enfant échappe à ceux qui s'acharnent sur son frère.

– Ces deux-là ne s'enfuiront pas ! assure un chasseur. Et ils ne sont pas près de récupérer leur matériel, ajoute-

t-il en jetant la caméra dans son propre traîneau.

– Le jeune se dirige droit sur nos ours ! s'écrie quelqu'un. Il veut les effrayer pour qu'ils se sauvent !

Mais Ayako veut seulement décrire un arc de cercle pour revenir épier les étrangers et essayer de délivrer son frère à la nuit tombée. Quant au Franski, son sort lui importe peu.

Ayako dirige son attelage vers le Roc. Au moment où il le contourne, il a tout à coup l'impression qu'une masse de neige se soulève devant lui, en même temps qu'un grognement déchire l'air. Dressée sur ses pattes postérieures, une bête gigantesque lui fait face, griffes en avant, prête à défendre ses deux oursons d'un an.

Paniqués par l'apparition, les chiens font un écart puis s'élancent droit devant eux, sourds aux ordres d'Ayako. Ils courent vers la limite de la banquise. La mer n'est plus qu'à... Un craquement ! La glace se fendille.

– Hâye ! Hâye* ! hurle le garçon à demi redressé dans le traîneau.

La banquise se rompt. La glace cède sous les patins. Les chiens virent à angle droit. Le traîneau se retourne. L'enfant est éjecté et tombe à la mer... Un plongeon ! Un ourson vient de sauter à l'eau.

* Signifie « en arrière ! »

5
Le pack et la proie

Paul se dégage d'un coup d'épaule. Solidement maintenu au sol, Palouk a beau clamer que son frère est en danger, les chasseurs ne le lâchent pas.

– Attention, il y en a un qui s'échappe !

Paul court vers les traîneaux toujours attelés. Il bouscule le guide debout près de ses chiens, bondit sur les patins arrière et pousse un vibrant « Hâk ! Hâk ! ». Les chiens réagissent à la seconde et se ruent en avant. Ballotté par les secousses dues à une glace irrégulière, Paul a du mal à conserver son équilibre, et il serre les poignées à s'en meurtrir les doigts.

C'est quand la glace rend son effroyable craquement que les chasseurs réalisent enfin l'ampleur du danger. Lâchant l'Inuit, ils foncent vers les traîneaux pour se porter au secours du garçon. Palouk prend la place d'un maître d'attelage et il s'élance dans le sillage de Paul.

Ayako a réussi à se hisser sur un pack, un morceau de banquise détaché de la masse. Grelottant de froid, il s'est allongé sur la plaque pour éviter qu'elle ne vacille sous son poids et ne le fasse rouler à nouveau dans l'eau. Le pack tournoie lentement, à un mètre de la rive à peine ; cependant, alourdi par ses vêtements trempés, l'enfant n'a plus la force de sauter. La plaque s'anime brusquement, s'abaissant vers l'arrière. Ayako tourne la tête. Un jeune ours accroche ses griffes à la glace pour grimper.

Paul croise l'attelage de l'enfant qui

revient en tirant le traîneau renversé. Il découvre plus loin Ayako sur le pack, pareil à un phoque échoué. Un frisson le parcourt quand il aperçoit l'ourson en train de monter sur le pack, et sa mère qui nage vers lui.

Paul pousse ses chiens jusqu'à la cassure. Ceux-ci s'arrêtent d'eux-mêmes à la vue des ours, et commencent à gronder. Paul se précipite vers le bord. Il exécute un bond prodigieux, retombe sur le pack et s'étend sur Ayako, autant pour éviter de glisser dans la mer que pour protéger le garçon. L'ourson a un sursaut de recul, puis il vient promener sa truffe au-dessus des humains.

La plaque s'incline à nouveau. Elle se soulève de l'avant, se dresse au-dessus de l'eau. Paul et l'enfant se cramponnent des deux mains au rebord pour ne pas être entraînés en arrière. L'ourson couine car il dérape, se retenant difficilement par les griffes.

– C'est la mère, chuchote l'homme

à l'oreille d'Ayako. Ne bouge surtout pas ! Fais le mort, quoi qu'il arrive !

Le jeune Inuit ferme les yeux et serre les dents afin de ne pas crier de peur. Le pack retombe en avant, l'éclaboussant jusqu'aux cheveux. Ayako tremble de tous ses membres. Il sent le souffle saccadé du Franski sur sa nuque, puis une haleine plus chaude vient se superposer à celle du Blanc. Une haleine forte associée à une odeur de chien mouillé.

La bête flaire les humains des pieds à la tête en émettant des petits grognements, surprise de ne pas reconnaître l'odeur du phoque. Elle mord dans la parka de Paul, secoue la tête pour arracher un morceau, le mâchonne, le recrache. Elle cesse soudain de renifler cette chose étrange couchée entre ses pattes et redresse la tête. Elle roule un son menaçant en direction de la banquise... Elle vient de capter des bruits étranges.

Les chasseurs ont stoppé leurs traîneaux derrière le Roc des Morses afin que les chiens n'aillent pas exciter l'ourse.

– Restez cachés ici ! recommande Palouk. Et toi, empêche les Qraslounaq de tirer ! poursuit-il en s'adressant au guide. Non seulement ils risquent de toucher mon frère et Paul Nature, mais les détonations vont rendre la bête furieuse.

Seul, une corde à la main, il rampe sur la banquise, cherchant à passer pour un gros morse aux yeux de l'ourse qui a levé le nez pour humer le vent. L'ourson n'est plus sur le pack : il a sauté à l'eau pour rejoindre sa sœur, et tous deux s'amusent à escalader un énorme glaçon qui s'enfonce à chacune de leurs tentatives.

La bête est sur ses gardes. Immobile, raidie sur ses pattes, elle hésite. Du coin de l'œil, elle surveille ses petits, mais elle observe aussi cette forme mouvante qui s'approche et qui l'intrigue. Une ombre vole vers elle, heurte la glace près de sa patte. L'ourse tressaille, pousse un rugissement et donne un violent coup de griffe à la corde, la rejetant à l'eau. Palouk la ramène à lui sans gestes brusques. Le pack s'est éloigné du bord, et il commence à dériver lentement. Si Paul ne réussit pas à attraper la corde, Ayako et lui vont se perdre sur la mer, le plus proche village de pêcheurs se situant à plus d'une journée de traîneau vers le nord.

L'ourse plante ses dents dans le vêtement de l'homme et tire pour l'entraîner dans l'eau avec elle. Paul résiste, agrippé au rebord. Ssst ! La corde vole à nouveau, frappe l'animal sur le crâne. Alors, lâchant sa proie, l'ourse balance sa tête de droite et de gauche, cherchant l'ennemi, puis elle plonge et disparaît sous l'eau. Paul se relève, saisit la corde avant qu'elle ne file sur la glace, puis il se laisse haler par l'Inuit. Dès que le pack cogne dans la banquise, Ayako et lui bondissent et se retrouvent sur un sol plus ferme. Palouk serre son frère dans ses bras... après quoi il vient poser sa main sur l'épaule de Paul. Son regard traduit une profonde reconnaissance, et il n'a pas besoin de paroles pour exprimer ce qu'il ressent.

– Vous êtes très courageux, reconnaît Ayako en se pressant contre Paul. On pourra faire de vous un Inuit.

Un crépitement s'élève derrière eux. Établis sur une ligne, les chasseurs applaudissent les deux hommes.

– Je préfère ce bruit au claquement des fusils, confie Paul en souriant.

– Cela suffit pour faire fuir les ours, constate Ayako.

En effet, l'ourse et ses deux oursons sont remontés sur la banquise. La femelle s'éloigne à grandes enjambées, les petits trottinant à ses côtés.

Sitôt près des traîneaux, Palouk déshabille son frère et le frotte vigoureusement avant de l'enrouler dans des couvertures. L'un des guides des chasseurs s'approche alors de Paul et lui rend la caméra qu'il a subtilisé dans un traîneau.

– J'ai filmé toute la scène, annonce-t-il. J'ai honte d'avoir mené ces hommes jusqu'ici. Je retourne à Nuuk.

Les autres guides se regardent.

– Parle pour toi ! lui lancent-ils. Nous, nous continuons avec les Blancs.

Les chasseurs dandinent, pas très fiers d'eux.

– Ce film... commence l'un, nous sommes tous dessus. Vous allez vraiment le diffuser à la télévision ?

– Pourquoi m'en priverai-je ? répond Paul.

– Nous sommes prêts à vous le racheter.

– Pas à moins de 20 000 euros par tête, décrète Paul... ou si vous préférez, je vous l'échange contre vos ours.

– Ce qui signifie ?

– Que vous rentrez chez vous !

Les chasseurs se concertent un moment, puis ils acceptent la transaction.

– Je vous ferai remettre la pellicule quand vous monterez dans l'avion, promet Paul.

– Et nous ? se rebiffe un guide. Qui va nous payer l'expédition si elle se termine là ?

Palouk leur lance alors en inuit :

– Vous n'aurez que le vent à vous mettre sous la dent. Vous voilà punis pour avoir mené ces Qraslounaq jusqu'aux ours ! C'est la vengeance de Nanoq-Toupilak !

Les chasseurs rangent leurs armes et remontent dans les traîneaux. Quelques coups de fouet plus tard, ils ne sont plus que des points noirs noyés dans la poudre neigeuse. Palouk et Paul ont remis leur traîneau sur ses patins, et ils filent le long de la banquise, car il reste d'autres chasseurs.

– Votre caméra a son petit effet, reconnaît Palouk. Mais les étrangers vont revenir... Malgré l'instauration d'un quota permettant l'abattage des ours, je vais m'opposer de toutes mes forces à ce massacre. Cette terre est à mon peuple, les Inuits, et l'ensemble de ses créatures lui appartiennent. Les Qraslounaq n'ont rien à y faire. Ils ont l'âme à l'envers : ils paient pour tuer. Mon peuple, lui, tue pour manger, se défendre et gagner un peu d'argent. Nous ne nous comprendrons jamais. Jamais !

– Je vais juste garder l'image des ours tués. Ce sont des images-chocs qui frapperont l'opinion publique, assure Paul, mais ne croyez quand même pas au miracle.

– Voilà longtemps que nous avons perdu nos rêves, dit Palouk. Le monde que nous laissent vos semblables, c'est un cauchemar !

Là-bas, derrière eux, des formes blanches se hâtent sur la banquise. L'ourse entraîne ses petits dans une marche forcée. Jamais encore il ne lui était arrivé une chose pareille ! Jamais !

L'OURS POLAIRE

Classification

Il existe actuellement une dizaine d'espèces d'ours que l'on regroupe dans la même famille.

L'ours polaire est un mammifère (la femelle a des mamelles)

Ordre des carnivores

Famille des ursidés

Nom scientifique : thalarctos maritimus

Habitat

L'ours polaire vit dans toutes les zones autour du pôle Nord, mais il n'a pas de territoire défini. On le trouve au Groenland, dans les régions les plus au nord de l'Amérique du Nord et de l'Asie. En hiver, il s'aventure sur la banquise, très loin des terres continentales.

Caractéristiques physiques

L'ours polaire est à la fois le plus grand et le plus carnivore des ours.

Longueur : 2,20 à 2,80 mètres

Poids : 300 à 800 kg

Longévité : 34 ans

Maturité sexuelle : dès 3 à 4 ans

Gestation : 9 mois

Nombre de petits : 1 à 2 tous les 3 ans

Sur la glace, sa fourrure blanche lui sert de tenue de camouflage. Ses poils sont creux et gardent la chaleur du soleil. Ses griffes et ses dents sont très aiguisées. Quand il est debout, ses excellents yeux lui permettent de voir très loin sur la banquise et grâce à son odorat très sensible, il flaire les phoques, même s'ils sont cachés sous la neige.

Malgré son air pataud, l'ours polaire est très agile, il court, bondit sur les blocs de glace qui flottent sur l'eau et escalade les pentes glacées. Sa plante de pied est recouverte de poils, ce qui lui permet de ne pas glisser quand il court sur la glace et de ne pas s'enfoncer dans la neige. Il peut faire du 30 km/h.

Habile plongeur et nageur puissant, il atteint 10 km/h et franchit facilement de vastes étendues de mer, jusqu'à 300 km ! Il peut se reposer et dormir dans l'eau. Il nage en se servant uniquement de ses pattes avant. Son corps, entouré d'une épaisse couche de graisse, flotte très bien. Il peut plonger à plus de 4 mètres de profondeur et rester sous l'eau deux minutes.

Comportement

Ce géant, bien armé contre le grand froid, vit en solitaire. Malgré son poids, il est très adroit pour éviter les pièges de la banquise. Il se déplace sur la glace en répartissant son poids sur ses quatre pattes pour ne pas la briser. Il parcourt des *distances considérables dans ce désert glacé, personne ne sait comment il peut se repérer. Pourtant, chaque année, la femelle retrouve sa tanière après avoir vagabondé six mois sur la glace. Là, elle va hiberner pendant six mois, son corps va vivre au ralenti. Quand la banquise fond, les ours quittent leur iceberg et se réfugient sur la terre ferme en attendant le retour des glaces. Si la nourriture manque, ils s'approchent des villages pour fouiller les décharges. Les habitants doivent alors faire attention car les ours peuvent devenir dangereux. L'ours polaire s'est parfaitement adapté à son environnement de glace et de froid mais il est incapable de vivre dans d'autres conditions. Toute modification de climat représenterait une menace pour sa survie.*

Nourriture

L'ours polaire se nourrit de phoques qu'il suit sans bruit à la nage, puis il les harponne d'un coup de griffes avec une adresse incroyable. Ensuite il découpe la viande avec ses dents. Quand les phoques se font rares, il se contente de poissons, d'algues, d'herbes sèches ou il vit sur ses réserves. Un ours affamé peut dévorer en une seule fois un phoque de 70 kg, nageoires et os compris !

Chasse au phoque

L'ours est un malin. Il repère les trous faits par les phoques dans la banquise pour venir respirer, et il les bouche les uns après les autres, sauf un. Il se poste alors près du dernier trou en prenant soin de cacher son museau noir sous la neige pour ne pas se faire repérer. Et il attend. Il peut attendre des heures dans une immobilité parfaite ! Dès qu'un phoque remonte à la surface de l'eau pour respirer, l'ours l'assomme d'un coup de patte, l'agrippe et le tire sur la glace. Puis il l'achève d'une morsure au cou.

Reproduction

Au printemps, les mâles se battent pour conquérir une femelle. Le vainqueur s'accouplera avec elle, puis la femelle le renverra après une semaine. Au début de l'hiver, la femelle creuse un terrier au pied d'un talus de neige abrité du vent, et côté sud, pour y mettre bas ses petits. Les oursons naissent, aveugles et très fragiles ; leur mère les réchauffe avec son souffle. La famille reste ainsi plusieurs mois cachée sous la neige. Pendant ce temps, la mère allaite ses petits mais ne mange quasiment rien et perd beaucoup de poids. Au printemps, les oursons sortent de leur tanière. Au début, ils restent dans les pattes de leur mère puis commencent à faire des glissades et des galipettes sur la glace. Leur mère ne les quitte pas des yeux car les vieux mâles peuvent s'attaquer à eux s'ils manquent de nourriture. Puis, ils vont apprendre à nager, pêcher, chasser et même à se battre entre eux. Vers deux ans, ils savent se débrouiller et partent seuls sur la banquise.

Protection

L'ours est l'une des espèces les plus menacées par des années de chasse ininterrompue. Depuis quelques décennies, il est protégé, mais le réchauffement climatique met en danger plus de 1 000 ours au nord du Canada. La banquise se forme en retard. Les ours ne peuvent plus chasser les phoques, et si les femelles n'emmagasinent pas assez de graisse pour l'hiver, elles ne pourront pas donner naissance à leurs petits. Ce réchauffement pourrait donc mener à l'extinction de l'espèce !

Dans la même collection

N° 1. Le vol de l'aigle
N° 2. La nuit des kangourous
N° 3. Le dernier ourson
N° 4. Baleines blues
N° 5. Le cri du loup
N° 6. La montagne aux gorilles
N° 7. Le lion de Komo
N° 8. La rivière aux castors
N° 9. L'œil du lynx
N°10. Gare au jaguar !
N°11. Les larmes des phoques
N°12. Sur la piste du couguar
N°13. La plage aux tortues
N°14. Dans l'ombre des rhinocéros
N°15. La griffe du tigre
N°16. L'automne des abeilles
N°17. La complainte de l'ours
N°18. Le chemin des éléphants
N°19. Sous la peau du croco
N°20. Florie et le renardeau
N°21. Chiots business
N°22. Le dauphin du Ponant
N°23. Panthères des neiges
N°24. Safari blanc